Camille de Montalivet

Souvenirs de la Monarchie parlementaire

Essai

Le code de la propriété intellectuelle du 1er juillet 1992 interdit en effet expressément la photocopie à usage collectif sans autorisation des ayants droit. Or, cette pratique s'est généralisée dans les établissements d'enseignement supérieur, provoquant une baisse brutale des achats de livres et de revues, au point que la possibilité même pour les auteurs de créer des œuvres nouvelles et de les faire éditer correctement est aujourd'hui menacée. En application de la loi du 11 mars 1957, il est interdit de reproduire intégralement ou partiellement le présent ouvrage, sur quelque support que ce soir, sans autorisation de l'Éditeur ou du Centre Français d'Exploitation du Droit de Copie , 20, rue Grands Augustins, 75006 Paris.

ISBN : 978-1978274655

10 9 8 7 6 5 4 3 2 1

Camille de Montalivet

Souvenirs de la Monarchie parlementaire

Essai

Table de Matières

Souvenirs de la Monarchie parlementaire

Au moment d'interroger l'histoire de la monarchie constitutionnelle et parlementaire de 1830, il est nécessaire, avant tout, d'examiner quelle était sa situation, quelles étaient les forces dont elle pouvait disposer à son origine même[1].

La royauté nouvelle n'était pas née, il faut le dire, sous l'heureuse étoile de ces gouvernements enfantés par les excès de la démagogie, comme celui de Napoléon Ier, ou seulement par la terreur de l'anarchie, comme celui de Napoléon III, qui ont pour première et presque pour unique mission de donner la sécurité aux personnes, aux fortunes, au travail, aux grands intérêts de la société menacée jusque dans ses conditions les plus essentielles et les plus sacrées. Tout est facile alors, surtout quand ces pouvoirs nouveaux ne succèdent pas à la ruine de toutes les forces gouvernementales et légales, ainsi qu'en 1798 ; mais quand, ainsi qu'en 1852, ils n'ont qu'à renouer la chaîne de l'autorité, brisée en un jour de surprise, au milieu de l'inquiétude de toutes les intelligences et de tous les intérêts ; quand ils trouvent debout des lois qu'ils n'auront pas à changer, et qu'il leur suffira de plier par des modifications plus ou moins profondes aux exigences du moment, sauf à leur rendre plus tard leurs développements antérieurs sous le nom de couronnement de l'édifice ; quand ils arrivent entourés d'une armée de la veille, nombreuse, disciplinée, instruite, commandée par des officiers dont la plupart ont vu le feu et illustré leurs noms dans un grand nombre d'actions militaires non moins glorieuses que les combats de géants qui avaient précédé et les grandes batailles qui devaient un peu plus tard faire vibrer la fibre patriotique de tous les cœurs français ; alors, dis-je, tout est plus facile. L'habile et heureux pilote qui a saisi le gouvernail n'a qu'à laisser le vaisseau de l'état descendre tranquillement le courant du fleuve, attend-il seulement à éviter les quelques écueils qu'offrent toujours aux navigateurs les rivages les plus hospitaliers. Seul, il peut suffire à tout, même avec le concours d'un équipage inexpérimenté, et surmonter le rares difficultés qu'il rencontre sur des eaux paisibles et fatiguées qui ne veulent plus de tempêtes.

Telle n'a pas été la condition du gouvernement né en 1830, non du

Camille de Montalivet

soulèvement de la société contre la licence et l'anarchie, mais de la réaction populaire contre les excès de l'autorité souveraine.

Lorsque le duc d'Orléans fut porté au trône par l'irrésistible effet de cette réaction contre un coup d'état qu'il s'était efforcé de prévenir par de sages conseils, la monarchie nouvelle était fatalement destinée non à descendre le courant d'un fleuve sans orage, mais à remonter un torrent qui avait rompu ses digues naturelles, et à naviguer incessamment entre le double écueil des tentatives du parti vaincu et des aspirations téméraires du parti vainqueur. De plus, la France se trouvait placée en face de l'Europe inquiète ou hostile, car l'Europe comprenait que l'avènement du gouvernement nouveau était en même temps une protestation solennelle et nationale contre les traités de 1815.

L'Europe ne pouvait s'y tromper. En effet, les populations des départements envahis qui avaient vu passer en triomphateurs les drapeaux de l'étranger, les vieux soldats, débris glorieux, Homères improvisés de l'épopée impériale, qui remplissaient les chaumières des images et des récits de leurs victoires, la jeunesse de 1830, nourrie des larmes qu'elle avait vu verser en 1815, et héritière du désespoir patriotique de ses pères accablés sous le nombre, c'est-à-dire la grande majorité de la nation française, confondaient injustement, mais de fait, dans une complicité commune le gouvernement de la restauration et le drapeau de l'étranger. Ainsi l'Europe, hostile à la nouvelle révolution de la France, trouvait en face d'elle la France réagissant contre l'Europe. Au milieu de ces graves difficultés à la fois morales et politiques, le gouvernement nouveau était condamné, en face de l'Europe debout et prête à tirer l'épée, à réorganiser l'armée, doublement affaiblie par la secousse révolutionnaire et par le licenciement forcé de la garde royale, qui était à elle seule toute une armée d'élite. Et si, à côté d'elle, on voyait se lever en masse, sur tous les points du territoire, la garde nationale, si le gouvernement y trouvait l'appui d'un suffrage universel d'autant plus sincère et imposant qu'il était spontané, ce concours tout moral ne lui apportait pas encore le secours d'une force militaire, car cette grande réserve nationale n'était alors ni armée ni instruite.

C'est en ce moment d'un antagonisme si redoutable que la monarchie constitutionnelle et parlementaire de Louis-Philippe avait à affirmer la révolution de 1830 au dehors et à confirmer l'ordre au dedans.

Les faits proclament qu'elle n'a failli ni à l'un ni à l'autre de ces devoirs.

Dès les premiers jours, le gouvernement avait à décider quels seraient son attitude, ses résolutions, son langage dans ses rapports avec la politique de la sainte-alliance. Les divers cabinets, frappés de la soudaineté, de la vigueur, de l'universalité du mouvement national en France, en même temps que de la promptitude avec laquelle il s'était formulé en un gouvernement monarchique et régulier, avaient déclaré tout d'abord qu'ils n'entretenaient aucune pensée d'agression contre le gouvernement nouveau ; mais ils insistaient sur ces deux points : qu'ils ne souffriraient aucun remaniement des territoires dont le sort avait été fixé par le traité de Vienne, et qu'ils maintiendraient énergiquement les principes fondamentaux qui constituaient l'essence des traités de 1815.

Le gouvernement français n'hésita point. Du haut de sa force morale et malgré sa faiblesse matérielle d'un moment, il proclama, il imposa à l'Europe un droit des gens tout nouveau et conforme à sa propre origine. « La France a eu le droit, disait-il, de disposer d'elle-même : ce droit appartient à toute nation. » Telle est en peu de mots la substance du grand principe posé alors par le gouvernement français sous le nom de système de non-intervention. Il fut proclamé à la tribune des assemblées françaises et nettement établi dans les communications diplomatiques par l'illustre comte Mole, ancien ministre de Napoléon, alors ministre des affaires étrangères de Louis-Philippe. C'était, dès le premier jour, se placer résolument aux antipodes du principe même des traités de 1815 et les frapper au cœur. Pour avoir une juste idée de la hardiesse et de la portée de l'attitude prise par le gouvernement du roi Louis-Philippe en 1830, il suffit de se reporter aux termes aussi vifs qu'irrités dans lesquels elle était jugée par le prince de Metternich. « Nous devons, disait- il au mois de septembre 1830 à notre chargé d'affaires à Vienne, nous devons protester contre la prétention étrange du gouvernement français d'introduire pour sa convenance un nouveau droit des gens dont on n'avait jusque-là jamais entendu parler, et qui est purement et simplement le renversement de toutes les règles qui avaient jusqu'alors présidé à la politique des états européens[2]. »

Le roi Louis-Philippe faisait en même temps savoir aux cabinets étrangers, par l'organe du comte Molé, que cette déclaration de principes n'impliquait aucune pensée agressive, que la politique de la paix avait toutes ses préférences, mais aussi que la France n'hésiterait pas à tirer immédiatement l'épée, non-seulement si son droit de disposer d'elle-même lui était contesté, mais encore dans le cas où une intervention armée conduirait les drapeaux de l'étranger sur un point quelconque du territoire des nations voisines de ses frontières.

Ces communications aussi nettes qu'énergiques devaient trouver bientôt leur application pratique.

Le mois de septembre ne s'était pas écoulé qu'une révolution éclatait tout à coup en Belgique. Deux nationalités, deux religions entraient en lutte au sein même du gouvernement qui avait été constitué par les traités de 1815 comme une menace permanente contre notre frontière du nord.

La création du royaume des Pays-Bas appartenait tout entière au congrès de Vienne. La nature, la géographie, l'histoire, n'y étaient pour rien. Tout au contraire, mœurs, langue et religion, tout y constituait un antagonisme permanent.

C'était, à l'avant-garde de l'Europe, une image vivante et active de la coalition formée contre la France.

L'épreuve était décisive pour l'Europe comme pour la France.

Au premier bruit de l'expulsion des Hollandais de Bruxelles, le roi de Prusse, beau-frère du roi de Hollande, sous la double influence des sentiments de famille et de la politique alarmée ou hostile de l'Autriche et de la Russie, venait d'ordonner à son armée de marcher vers la Belgique pour y favoriser un retour offensif du roi Guillaume d'Orange sur sa seconde capitale.

Le temps pressait. M. le comte Molé demande le lendemain de cette grave nouvelle une entrevue à M. le baron de Werther, ministre de Prusse, et, après avoir reçu de ce ministre la confirmation du rassemblement des troupes et des intentions de la cour de Berlin, il lui déclare au nom du roi que l'entrée d'un seul soldat prussien en Belgique serait le signal de la marche d'une armée française sur Bruxelles et du commencement de la guerre.

« Prenez garde, ajouta-t-il, que nous n'avons pas posé en vain le principe de non-intervention, que nous ferons tous nos efforts pour le faire respecter de loin comme de près, mais que dès à présent nous sommes décidés à le maintenir sur nos frontières, et, s'il le faut, les armes à la main. La guerre, dit-il encore, est au bout de mes paroles ; sachez-le, et mandez-le à votre cour. » A Berlin, M. le baron Mortier, ministre de France, tenait le même langage. « Ce serait à tort, disait-il à M. de Bernsdorff, qu'on chercherait à nous effrayer par l'idée d'armer l'Europe entière contre nous. Nous avons fait connaître aux puissances l'immuable volonté de sa majesté Louis-Philippe de concourir au maintien de la paix ; mais d'un autre côté nous ne reculerions pas devant la perspective de la guerre, si elle ne devait être évitée qu'au prix de la dignité nationale[3]. »

L'armée prussienne s'arrêta, et l'indépendance de la Belgique fut sauvée à sa naissance même.

Le succès de cette politique nationale ne s'arrêta point-là. Les plénipotentiaires d'Autriche, de France, de la Grande-Bretagne, de Prusse et de Russie, s'étaient réunis en conférence à Londres, sur la demande du roi des Pays-Bas, qui les invitait à délibérer de concert avec lui sur les meilleurs moyens de mettre un terme aux troubles qui avaient éclaté dans le royaume créé par les traités de 1815.

Les intérêts de la France obtinrent bientôt une première satisfaction sous l'influence du diplomate profondément habile qui la représentait. Le 20 décembre, la veille même d'une grande journée de justice et d'humanité qui sauva la tête des quatre ministres du roi Charles X en frappant leurs actes, un protocole, appuyé par le prince de Talleyrand et combattu par le plénipotentiaire hollandais, reconnaissait la séparation de fait de la Hollande et de la Belgique.

La majorité des puissances du congrès de Vienne avait entouré, il est vrai, cette déclaration de plus d'une réserve, inspirée par l'esprit même des traités de 1815 ; mais elles furent bientôt forcées d'y renoncer, et l'on put prédire dès ce jour-là qu'un avenir prochain verrait en même temps proclamer l'indépendance de la Belgique et briser la ceinture de fer dans laquelle les traités de 1815 avaient eu la prétention d'enfermer et d'étouffer la puissance de la France.

Le roi Guillaume, auquel les encouragements secrets ne

manquaient pas, en fournit bientôt l'occasion en recommençant la lutte avec la Belgique.

La France n'avait eu qu'à mettre la main sur la garde de son épée pour arrêter l'armée prussienne à la frontière belge et sauver une première fois cette sœur de langue et de religion contre les atteintes d'un puissant voisin. Elle dut alors tirer l'épée pour protéger Bruxelles contre le retour offensif du prince d'Orange, qui menaçait cette ville à la tête d'une armée plus nombreuse, mieux armée, plus aguerrie que ne pouvait être l'armée improvisée de l'indépendance belge.

La nouvelle de la dénonciation de l'armistice par le roi de Hollande était parvenue à Paris dans la soirée du 2 août 1831.

Le roi Louis-Philippe se trouvait alors aux prises avec les circonstances intérieures les plus difficiles. M. Casimir Perier et ses collègues avaient remis leur démission entre les mains du roi par suite du très petit nombre de voix qui avaient exclu M. Laffitte du fauteuil de la présidence de la chambre des députés.

C'était pour les institutions de la monarchie constitutionnelle une de ces épreuves décisives dans lesquelles, suivant le langage de ses détracteurs officiels, « toujours préoccupée de son existence précaire et contrôlée, placée devant ces difficultés parlementaires qui déplacent le pouvoir tous les jours et l'ébranlent incessamment, elle ne pouvait rien produire. »

Comment se tira-t-elle de cette épreuve ?

Louis -Philippe résolut immédiatement de reconnaître le roi des Belges en plaçant l'indépendance du royaume nouveau sous la protection de la France et de son épée, protection d'autant plus efficace que le roi avait montré plus de désintéressement et d'abnégation personnelle en refusant la couronne offerte par le congrès belge à son fils le duc de Nemours.

Sa première démarche fut de s'assurer du concours du grand ministre dont l'énergie lui devenait plus que jamais précieuse. Casimir Perier ne put résister à la proposition d'une glorieuse complicité, et retira aussitôt sa démission, d'accord avec tous ses collègues. Dès le matin du 3 août, le gouvernement français faisait signifier par une double dépêche télégraphique — au cabinet de La Haye : « que toute attaque contre la Belgique, » — au général

Chassé, commandant de la citadelle d'Anvers, « que le premier coup de fusil tiré sur la ville équivaudrait à une déclaration de guerre contre la France. »

Le 4, à neuf heures du matin, nous nous trouvions de nouveau réunis autour de la table du conseil des ministres. Les dernières nouvelles ne laissaient aucun doute sur la reprise générale des hostilités.

Je ne me rappelle pas aujourd'hui sans émotion, au moment où je regarde de nouveau en face les calomnies et les injustices qui, après avoir assailli le roi Louis-Philippe pendant sa vie, se lèvent, bien plus rares sans doute, mais non moins passionnées, pour appeler sur sa tombe les mépris de l'histoire ; je ne me rappelle pas sans émotion les paroles par lesquelles le roi ouvrit le conseil qu'il présidait, comme dans toutes les circonstances importantes.

C'était cette parole vive et souvent entraînante des jours heureux ou difficiles. Un rayon de jeunesse animait les traits du souverain le plus libéral de son époque, qui, par un contraste étrange, rappelaient ceux de son aïeul Louis XIV d'absolutiste mémoire.

« J'ai reçu ce matin à cinq heures, nous dit-il, une lettre du roi Léopold qui appelle la France au secours de la Belgique. Ne perdons pas un moment, si nous ne voulons voir l'indépendance de la Belgique frappée au cœur par la prise de Bruxelles, et le cercle de fer des places fortes construites contre la France se refermer sur elle. Courons donc placer son drapeau entre Bruxelles et l'armée hollandaise : je demande seulement, comme une faveur, que Chartres et Nemours soient à l'avant-garde, et ne perdent pas la chance d'un seul coup de fusil. »

Un tel langage était bien celui qui répondait à l'énergie de Casimir Perier et au sentiment profond de la situation que chacun de nous avait apporté au conseil.

Il est décidé, séance tenante, qu'une armée de cinquante mille hommes sera envoyée au secours de la Belgique.

Les ordres sont immédiatement transmis par le maréchal Soult au général Gérard, nommé général en chef.

A deux heures, M. Le Hon est reçu pour la première fois par le roi en sa qualité de ministre plénipotentiaire et envoyé extraordinaire de sa majesté Léopold Ier, roi des Belges.

A quatre heures, *le Moniteur*, dans un supplément extraordinaire, annonce à l'Europe et à la France les résolutions instantanées du gouvernement français.

A onze heures et demie du soir, les deux fils du roi partent pour l'armée, où le duc d'Orléans et son jeune frère le duc de Nemours, âgé de dix-sept ans, seront placés à l'avant-garde.

Le 5, l'état de la composition de l'armée est arrêté et inséré au *Moniteur* du 7.

Le 8, les troupes, mises en mouvement depuis quatre jours, sont massées sur la frontière.

Le 9, à cinq heures du matin, l'armée entière se met en marche, et le duc d'Orléans franchit la frontière à la tête du 5e de dragons, dont il avait pris le commandement provisoire pour entrer le premier en Belgique. Peu de temps après, le prince et ses soldats, s'arrêtant sur une hauteur d'où l'on découvrait le champ de bataille de Jemmapes, acclamèrent un souvenir glorieux pour la France et pour le roi des Français.

Et Gérard, s'il vivait, il nous dirait avec quelle exultation de cœur, avec quel mélange de douleur et de joie il traversait ces places, naguère ennemies, et s'avançait vers ces plaines si glorieusement funéraires où son coup d'œil militaire et ses conseils énergiques eussent sauvé l'armée en 1815, s'il n'avait eu affaire à un serviteur de la consigne bien plus qu'à un général d'armée, vers ces champs de bataille où il tomba lui-même sous une balle ennemie, comme atteint du même coup qui frappait la patrie !

Le 11, le duc d'Orléans et le duc de Nemours, ayant pris les devants à marches forcées, faisaient leur entrée à Bruxelles au milieu des acclamations enthousiastes de la population tout entière.

Dès ce moment, la Belgique était sauvée.

Les traités de 1815, ébranlés par la révolution belge, avaient reçu leur première défaite. Encore un dernier effort, et l'épée de la France achevait d'en déchirer l'une des plus douloureuses pages. L'invasion soudaine de la Belgique par l'armée française avait ému profondément l'Europe ; mais, entreprise au nom des principes mêmes qui avaient déjà triomphé dans le sein de la conférence des plénipotentiaires siégeant à Londres, elle eut immédiatement ce double résultat de refouler les Hollandais dans leurs anciennes positions, et en même temps d'inspirer à la conférence l'ardent désir de clore le plus tôt possible, par un traité définitif, une question qui pouvait exalter à chaque instant les instincts belliqueux de la France.

Dès le 15 novembre 1831, sous le coup de cet événement et sous l'impulsion de la volonté résolue de la France, les cinq grandes puissances conclurent le traité constitutif de la Belgique, traité dit des vingt-quatre articles, qui reçut ce jour même la signature des plénipotentiaires du jeune état né de la résurrection en France du drapeau des luttes nationales de 92 et de 1814.

Nous n'entrerons pas dans le récit détaillé des résistances ouvertes ou des réserves dilatoires auxquelles donnèrent lieu les demandes de ratification aux divers gouvernements. Qu'il nous suffise de dire que la Hollande refusa nettement de traiter avec la Belgique, et par conséquent de signer le traité du 15 novembre, que la Russie subordonna expressément sa ratification à la modification de trois articles contre lesquels la Hollande protestait plus spécialement, et que la majorité des plénipotentiaires en profita pour ajourner toute exécution jusqu'à ce que la conférence eût épuisé la discussion sur les réserves de la Russie.

Cependant chaque jour voyait se resserrer davantage entre la France et la Belgique des liens qui venaient de recevoir une consécration plus intime et plus solennelle par le mariage du roi Léopold avec la fille ainée du roi des Français, la princesse Louise, de sainte et populaire mémoire.

La discussion n'avançait pas dans le sein de la conférence. Bien plus, les plénipotentiaires du roi de Hollande lui firent parvenir, le 20 septembre 1832, une espèce d'ultimatum contenant les modifications sans lesquelles le roi Guillaume menaçait de rompre toute négociation.

Une telle situation ne pouvait durer.

Une proposition de sommation, présentée par M. de Talleyrand d'accord avec lord Palmerston, amena bientôt la rupture de fait de la conférence, et donna naissance, le 22 octobre, à une convention séparée entre la France et l'Angleterre, qui stipulait éventuellement

Camille de Montalivet

l'emploi de forces navales, françaises et anglaises combinées, et d'un corps de troupes françaises, pour faire évacuer, au besoin par la contrainte, toutes les parties du territoire belge. L'évacuation devait avoir lieu le 12 novembre.

La Russie déclara officiellement qu'elle se retirait de la conférence. La Hollande persista dans sa résistance malgré l'envoi immédiat des flottes.

L'Angleterre elle-même, qui avait espéré et espérait encore qu'une démonstration par mer suffirait pour triompher de l'obstination et des illusions tenaces du roi Guillaume, cherchait à gagner du temps et à retarder l'entrée des Français en Belgique au moyen de négociations de détail qui n'étaient pas exemptes de défiance.

En présence de ces nouveaux délais, dont souffraient également les intérêts de la France et de la Belgique, le roi Louis-Philippe résolut d'agir, et réunit à cet effet, dans la matinée du là novembre, son conseil des ministres, où siégeaient alors M. le duc de Broglie comme ministre des affaires étrangères et M. Thiers comme ministre de l'intérieur. L'un et l'autre se prononcèrent avec énergie pour l'entrée immédiate en Belgique, et il fut décidé d'un commun accord que deux dépêches télégraphiques seraient adressées séance tenante, l'une au général Gérard, pour lui donner l'ordre de marcher en avant, et l'autre au prince de Talleyrand, pour qu'il eût à informer sans retard le gouvernement anglais de la décision irrévocable qui avait été imposée au gouvernement français par la gravité des circonstances.

Le 15 novembre, dès la pointe du jour, l'armée française entrait en Belgique. Le 18 au soir, le duc d'Orléans, accompagné de son jeune frère le duc de Nemours, arrivait devant Anvers à la tête de l'avant-garde, et après cinq semaines d'une lutte sanglante et glorieuse, une capitulation livrait à l'armée française la dernière citadelle que la Hollande possédât en Belgique.

La première expédition de l'armée française avait sauvé la Belgique naissante ; la deuxième mit en possession de tout son territoire et constitua par le fait, en attendant la signature de la Hollande, cette nation catholique et libérale, qui donne au monde le consolant spectacle d'un état jouissant de tous les bienfaits d'une large liberté, sous la double influence du bon sens calme et patient de son peuple et de la sagesse consommée du prince éminent qui la gouverne.

Ces principes, ces actes du gouvernement français, si directement contraires à l'esprit qui avait inspiré les traités de 1815, les grands résultats qui en avaient même altéré la lettre, avaient rapproché chaque jour davantage les souverains d'Autriche, de Prusse et de Russie dans un sentiment commun de défiance et de secrète hostilité.

La Belgique, le Portugal, l'Italie, la Pologne, avaient été déjà l'objet de communications incessantes entre les trois cabinets du nord. L'empereur Nicolas y substitua son action directe et personnelle, provoqua une conférence entre les trois souverains, qui se rencontrèrent bientôt dans une petite ville d'Allemagne, et proposa, dans ce congrès restreint de la sainte-alliance, un accord commun pour réagir contre la politique de la France. Cette proposition, accueillie par l'empereur d'Autriche et le roi de Prusse sous la réserve de quelques modifications de forme, donna lieu à une communication presque simultanée des ambassadeurs et ministres des trois cours, qui remirent, dans les premiers jours de novembre 1833, à M. le duc de Broglie des notes différentes par les termes, mais identiques dans leurs conclusions. Ces conclusions portaient que, « si la France, qui a si bien su se défendre elle-même des tentatives des perturbateurs, ne réussissait pas désormais à déjouer également les machinations auxquelles ils se livrent sur son territoire contre les états étrangers, il pourrait en résulter pour quelques-uns de ces états des troubles intérieurs qui les mettraient dans l'obligation de réclamer l'appui de leurs alliés, que cet appui ne leur serait pas refusé, et que toute tentative pour s'y opposer serait envisagée par les trois cabinets de Vienne, de Saint-Pétersbourg et de Berlin comme une hostilité dirigée contre chacun d'eux. »

La réponse du gouvernement français ne se fît pas attendre. Après avoir pris les ordres du roi, M. le duc de Broglie répondit en ces termes que j'emprunte à sa correspondance diplomatique :

« J'ai cru que ma réponse aux trois envoyés devait être conforme à la couleur que chacun d'eux avait donnée à sa communication. De même que j'avais parlé à M. de Hügel un langage raide et haut, je me suis montré bienveillant et amical à l'égard de la Prusse, un peu dédaigneux envers le cabinet de Saint-Pétersbourg. Ce qui a dû clairement ressortir de mes paroles pour mes trois interlocuteurs, c'est que nous sommes décidés à ne tolérer l'expression d'aucun doute injurieux sur nos intentions, que les insinuations et les reproches seraient également impuissants à nous faire dévier d'une ligne de conduite avouée par la politique et la loyauté, et qu'en dépit de menaces plus ou moins déguisées nous ferons en toute occurrence ce que nous croirons conforme à nos intérêts. »

M. le duc de Broglie écrivait encore, un mois plus tard, à notre ambassadeur à Vienne : « J'ai dit, je le répète, à M. de Hügel, à M. de Werther et à M. le comte de Pozzo, en termes également formels, que, de même que les trois cours se réservaient le droit d'intervenir, lorsqu'elles le croiraient utile à leurs intérêts, dans les affaires d'un état indépendant, la France, le cas échéant, serait bien certainement libre de s'y opposer, si elle croyait devoir le faire. »

Cette réponse, qui honore à la fois à un si haut degré M. le duc de Broglie et le gouvernement dont il était l'organe, fut bientôt suivie d'une déclaration que l'histoire doit enregistrer pour la saine appréciation de la politique pacifique du roi Louis-Philippe, si impudemment caractérisée par la formule de paix à tout prix. « Sachez, disait le ministre des affaires étrangères aux trois ambassadeurs et ministres des cours du nord, sachez que le roi est résolu à ne souffrir à aucun prix l'intervention des forces étrangères en Belgique, en Suisse, en Piémont, en Espagne. »

Cette dernière déclaration fit grande sensation à Vienne, à Berlin, à Saint-Pétersbourg. A Vienne, le prince de Metternich ayant émis quelques doutes devant M. de Sainte-Aulaire, ambassadeur de France, sur la véritable intention de notre cabinet relativement au Piémont, que le prince prétendait ne pouvoir être compris dans sa déclaration, notre ambassadeur répondit dans des termes que je ne transcris pas sans fierté pour le gouvernement que j'ai servi : « Je n'ai certes nulle mission pour vous faire une déclaration de guerre éventuelle ; mais, si vous avez la moindre confiance dans l'intelligence que j'ai des intérêts de la politique de mon pays, tenez pour certain, sur ma parole, qu'un corps de troupes autrichiennes en Piémont y rencontrerait bientôt une armée française. »

« Cette vivacité tranchante, qui n'est pas dans mes habitudes de discussion, a paru faire impression sur le prince de Metternich. »

Cette attitude si digne, ce langage à la fois si calme et si ferme, n'étaient-ils pas dès lors la mise en pratique de cette politique pacifique qui a inspiré les nobles pensées si bien exprimées naguère par l'empereur et le corps législatif, quand ils ont proclamé, dans une heureuse conformité de langage, que « la France ne devait tirer l'épée, sans concert préalable, que dans le cas d'une offense à son honneur ou d'une menace contre ses frontières. » Cette attitude, ce langage suffirent d'ailleurs pour paralyser les desseins hostiles de l'empereur de Russie, qui devait plus tard chercher une satisfaction dans la question d'Orient. Le roi de Prusse fut le premier à prendre son parti du mauvais succès de la triple démarche faite en commun avec l'Autriche et la Russie. L'Autriche modifia bientôt après son langage et ses dispositions. La Russie resta isolée et impuissante dans son mauvais vouloir. La sainte-alliance était décidément morte, et la France trouvait pour la première fois en face d'elle une bonne volonté dont le roi de Prusse ne tarda point à lui donner un éclatant témoignage en favorisant le mariage du prince que la France a pleuré en 1842 avec une princesse qu'il aimait comme une fille, et qui était digne du rang où semblait l'appeler la Providence.

Le mot de persévérance, si justement applicable au gouvernement du roi Louis-Philippe quand on considère sa politique dans certaines questions extérieures, ne l'est pas moins quand on examine la pensée de son règne en ce qui touche le développement de la force de résistance et d'action du pays par l'entreprise gigantesque des fortifications de Paris. Cette pensée du reste, n'était pas seulement celle d'un règne ; c'était la pensée d'une vie tout entière.

« Que de fois, me disait le roi Louis-Philippe, que de fois en 1792, dans les plaines de Champagne et de Belgique, le lendemain même des combats qui nous consolaient par la victoire des douloureuses nouvelles que nous recevions de Paris, j'ai songé avec amertume qu'une bataille malheureuse amènerait bientôt sous ses murailles les armées étrangères qui les trouveraient sans défense !

« En 1814, j'insistais près de Louis XVIII en lui démontrant qu'après la constitution qu'il venait de donner au pays, il ne pouvait rien faire de plus national et de plus populaire que de rendre le cœur de la France invulnérable en plaçant Paris sous la protection d'une enceinte d'ouvrages défensifs. « En 1817, je renouvelai mes instances avec plus de succès, et le maréchal de Gouvion Saint-Cyr, après avoir rendu une armée à la France, aurait sans doute créé la défense de Paris, si son ministère n'eût été de si courte durée.

« Depuis, j'en ai parlé en vain jusqu'en 1830.

« Aujourd'hui que je suis devenu par la royauté le premier défenseur de l'indépendance nationale, je fais appel à tous les citoyens de bonne volonté pour m'aider à lui donner cette garantie puissante. »

Cependant des querelles de systèmes et des défiances absurdes s'opposèrent à la solution immédiate d'une question qui voyait s'élever contre elle, comme une objection redoutable, sa grandeur même et son immense portée. Il fallut qu'un danger national, il fallut que des circonstances exceptionnelles vinssent en aide à la persévérance et aux convictions de la vie entière de Louis-Philippe pour faire triompher enfin son opinion et doter Paris d'une force défensive qui change, au profit de la France, toutes les conditions d'une agression contre son indépendance.

Une pensée commune de pur patriotisme avait triomphé de toutes les incertitudes, de toutes les dissidences. Le gouvernement et les chambres décidèrent d'une seule voix que Paris serait fortifié. C'était effacer la distance qui séparait, à la date funeste du 30 mars 1814, l'avant-garde d'Essonne de la barrière de Clichy ; c'était reculer pour ainsi dire les frontières de la France, sans qu'il en coûtât rien à la paix du monde. N'eût-il légué à la France que ce bienfait au milieu de tant d'autres, le règne de Louis-Philippe serait honoré dans l'histoire et rappelé avec respect sous les successeurs de Napoléon.

C'est en 1840, à une époque où la France avait dû s'isoler dans sa force et dans sa dignité, que ce grand acte a été résolu[4]. Un petit nombre d'années ont suffi pour accomplir ces immenses travaux, exécutés sous la direction supérieure de l'illustre général Dode de La Brunerie, qui gagna son bâton de maréchal sur ce champ de bataille du patriotisme et de la science. Les généraux Vaillant et Noiret, secondés par cent officiers appartenant à ce corps du génie que toutes les nations nous envient, élevèrent, sous son commandement, ce monument impérissable de ce que peut l'accord des volontés dans un gouvernement libre. La dépense prévue était de 140 millions ; elle ne fut pas dépassée : admirable précision dans l'exécution d'un admirable travail !

Dans le même temps, Lyon devenait, comme Paris, une des premières places fortes du monde, et de grands travaux étaient simultanément exécutés à Langres, Grenoble, Belfort, Besançon, etc.

Les travaux des ports de mer ne recevaient pas une moins vive impulsion, et Cherbourg[5], juste objet de l'orgueil de la France et delà jalousie inquiète de l'Angleterre, voyait consacrer à l'achèvement de ses fortifications et de son port de nouvelles dépenses, dont l'ensemble s'est élevé à plus de 9 millions sous le règne de Louis-Philippe.

Enfin l'armée et la marine, dont l'organisation avait été l'objet de grands perfectionnements, recevaient un accroissement de forces nouvelles par l'extension des cadres, l'augmentation de l'effectif des diverses armes en France et dans les colonies, et une immense accumulation de matériel.

C'est sous le règne du roi Louis-Philippe, sous le patronage du prince de Joinville, qu'est né le *Napoléon*, cette belle création de M. Dupuy de Lôme, ce vaisseau modèle digne du grand nom qu'il porte. Il était presque entièrement achevé au moment de la révolution de 1848. Le roi n'avait pas encore décidé le nom qu'il porterait ; mais les parrains ne lui ont pas manqué : Arago l'avait nommé le *24 Février*, et le président de la république l'a changé en *Napoléon*.

La question des vaisseaux cuirassés avait été également posée et mise à l'étude avant la révolution de 1848. Dès 1846 et 1847, de nombreuses expériences avaient eu lieu sur les côtes de la Bretagne pour découvrir les lois de la pénétration des boulets dans le fer, les plaques de tôle, les massifs de bois, et les résultats en sont consignés dans de précieux procès-verbaux qui doivent exister à Lorient. Enfin l'amiral Labrousse, alors capitaine de frégate, avait proposé dès cette époque l'emploi de l'éperon, et avait été autorisé à faire à Lorient les expériences qu'il jugerait nécessaires.

Ce rapide aperçu sur la situation de la marine française en 1848 ne serait pas complet, si nous n'ajoutions qu'une ordonnance royale

Camille de Montalivet

de 1846 a fixé l'effectif des forces navales sur le pied de paix à 328 bâtiments, et qu'une voix autorisée, celle de l'empereur Napoléon III, a déclaré publiquement que le cadre arrêté sous le roi Louis-Philippe pouvait être invoqué comme répondant aux nécessités de la puissance maritime de la France[6].

La marine et l'armée unissent, donc leur témoignage à celui des faits eux-mêmes, pour proclamer que le gouvernement de 1830 n'a pas plus négligé les éléments essentiels de la puissance d'une grande nation que l'expansion de son influence au dehors, semblable au père de famille qui amasse dignement pendant sa vie un trésor dont les ressources permettront plus tard à ses héritiers de faire beaucoup plus de bruit dans le monde.

Le 24 février !... La Providence, protectrice de la vérité, a voulu que ce jour-là même un gouvernement puissant, dans toute sa force, vint déposer dans les pages de l'histoire, par l'organe de son premier homme d'état, un éclatant et irrécusable témoignage des progrès de la puissance nationale sous le règne de Louis-Philippe. Le 24 février 1848, le chancelier de l'empire russe, comte de Nesselrode, envoyait à lord Palmerston un *caveant consules* dans les termes qui suivent :

« La France aura gagné à la paix plus que ne lui aurait donné la guerre. Elle se verra environnée de tous côtés par un rempart des états constitutionnels organisés sur le modèle français, vivant de son esprit, agissant sous son influence. »

Tel était, tel devait être l'invincible effet de cette politique non moins persévérante que généreuse, ennemie des révolutions démagogiques, amie des évolutions libérales, qui avait déjà donné à la France dix-sept années d'une paix aussi digne que féconde.

La préoccupation du sort des ouvriers a joué un trop grand rôle dans l'esprit qui a présidé à la législation des douanes, de 1830 à 1848, pour que nous n'en fassions pas ici une mention spéciale. La passion du dénigrement systématique peut bien dire que les tâtonnements de cette législation ont tenu d'un côté à l'impuissance du gouvernement en toutes choses, et de l'autre à la prédominance de certaines influences dans le parlement. Nous avons vu ce qu'il fallait penser de la première de ces allégations. La seconde est jugée quand on se rappelle qu'entre beaucoup d'atténuations de tarifs le règne de Louis-Philippe a vu réduire dans des proportions considérables les droits sur les fontes et les fers d'Angleterre, les droits sur les houilles d'Angleterre et de Belgique, et que ces réductions ont eu lieu avec le concours d'un parlement où siégeaient en grand nombre les représentants les plus influents de ces grandes industries. Non, la marche des pouvoirs de l'état dans ces questions difficiles s'explique par l'union intime du souverain et des chambres dans une commune pensée, non de privilège, mais de protection envers de grandes industries placées encore à cette époque dans des conditions de luttes trop inégales et envers les nombreux ouvriers qu'elles faisaient vivre en vivant elles-mêmes.

Je ne loue ni ne critique, je raconte simplement, et pour mieux préciser cette politique trop timide peut-être sur quelques points, mais généreuse dans sa source, je reporterai le lecteur au souvenir de plus d'un entretien que j'ai eu l'honneur d'avoir à ce sujet avec le roi Louis-Philippe.

Louis-Philippe était en principe partisan de la liberté commerciale ; il en admirait les résultats en Angleterre, et surtout le parti que la politique anglaise avait su en tirer vis-à-vis des autres nations ; mais il pensait que la question était parvenue, de l'autre côté du détroit, à un degré de maturité qu'elle n'avait pas encore atteint en France, qu'il fallait sans doute marcher vers la réalisation du principe, mais peu à peu, par la discussion, au moyen d'enquêtes approfondies et répétées, en prenant les questions une à une et en les entourant de tous les ménagements dus à la masse de capitaux et au grand nombre d'existences d'ouvriers engagés dans les entreprises de l'industrie française.

« Il n'y a de vraiment durables et solides, disait-il, que les réformes qui ont pénétré dans les esprits par la discussion avant d'être inscrites dans les lois : les autres peuvent réussir ; mais elles sont plus sujettes que les premières aux réactions exagérées et aux brusques retours de l'opinion publique, surtout chez une nation aussi impressionnable que la nôtre. Voyez, ajoutait-il, ce qui s'est passé en Angleterre au sujet de l'émancipation des catholiques : que d'années écoulées dans la lutte, que de défaites pour acheter la victoire ! mais aussi le jour arrive où le principe triomphe avec le secours même d'une partie de ses anciens adversaires, éclairés par une discussion qui ne se décourage jamais, et ce jour-là l'émancipation des catholiques prend désormais sa place à côté des principes les plus incontestés de la constitution de ce pays éminemment protestant. Dans la question de la liberté commerciale, nous ne nous trouvons pas, Dieu merci, en face des passions politiques et religieuses qui s'agitaient autour des aspirations des catholiques en Angleterre ; mais nous avons affaire à des intérêts considérables constitués avec l'appui des gouvernements qui nous ont précédés, intérêts qui touchent à la fois à de grandes situations industrielles, forces vives de la France, et au pain quotidien d'une foule d'ouvriers. Soyons donc pilotes prudents sur cette mer pleine d'écueils, et louvoyons le long des côtes sans perdre de vue rentrée du port, empressés d'y aborder chaque fois que nous pourrons le faire sans mettre en péril ces intérêts, qui sont aussi ceux de la France. »

Grâce à cette politique, un grand nombre de prohibitions ont été successivement levées, de nombreuses réductions de tarifs s'élevant de 22 à 75 pour 100 ont eu lieu sans secousse sur les houilles, les fers, le cuivre, le zinc, les laines en masse, le coton longue-soie, les bois précieux, etc. Pendant ce temps, il est vrai, un petit nombre d'articles étaient l'objet d'une augmentation de tarifs ; mais, toute compensation faite, on peut estimer à 12,700,000 francs[7] environ par année les allégements procurés aux contribuables par la marche progressive du gouvernement de 1830 vers l'adoucissement des tarifs des douanes.

Je le répète, qu'on ne voie pas dans ce récit, tiré de souvenirs écrits il y a près de vingt ans, une critique indirecte de mesures récentes. Nous voulons seulement mettre en lumière ce fait incontestable, que le bien-être et l'amélioration du sort des ouvriers ont été l'une des préoccupations constantes de la monarchie constitutionnelle et parlementaire de 1830.

Ces pensées généreuses, qui avaient pour objet d'élever incessamment la condition morale et matérielle des classes qui travaillent pour vivre, s'adressaient surtout au présent dans la personne des hommes faits et des chefs de famille ; elles firent une part non moins large à l'avenir en offrant partout à l'enfance des asiles ou des écoles qui étaient gratuites pour les plus pauvres, et un enseignement toujours en rapport avec les différons âges qui précèdent celui de l'activité sociale.

Mais il est un monument touchant de cette sollicitude pour l'enfance qui mérite d'abord de fixer notre attention, je veux parler de la loi qui a étendu sa protection sur les enfants employés dans les manufactures. Il est assurément d'une notoriété universelle et banale que le *Bulletin des lois*, quelque instructif qu'il soit, offre une lecture des plus arides. Eh bien ! nous osons affirmer que la page détachée de la loi du 22 mars 1841 ne saurait être lue sans émotion. Cette loi, constamment perfectionnée dans le même esprit, grâce aux lumières de quatre discussions successives, n'a rien négligé de ce qu'aurait pu suggérer la sollicitude du père de famille le plus tendre et le plus éclairé. « Tout travail, dit le législateur, est interdit aux enfants avant l'âge de huit ans, aussi bien que tout travail de nuit avant treize ans accomplis ; au-dessus de cet âge, j'arme le pouvoir exécutif des moyens d'interdire certains travaux, de veiller à l'observation des fêtes et des dimanches, d'empêcher tout châtiment abusif, de procurer à tous l'instruction primaire et l'enseignement religieux, et d'assurer les conditions de salubrité et de sûreté nécessaires à la vie et à la santé des enfants ; enfin je décrète le principe d'une inspection protectrice qui a le droit de se faire ouvrir toutes les portes et de se faire présenter tous les registres. »

Décidément la monarchie constitutionnelle et parlementaire avait des entrailles pour le peuple.

Où pouvons-nous trouver un témoignage plus éclatant de la sympathie du gouvernement de 1830 pour les populations vouées au travail que dans les actes répétés par lesquels il faisait pénétrer partout les bienfaits de l'instruction populaire ?

Assurément l'hommage dû à ces actes ou plutôt à cet acte continu de dix-huit années ne saurait faire oublier les efforts tentés à diverses époques par la restauration en faveur de l'instruction primaire, pas plus qu'il ne saurait enlever la moindre partie de leur mérite aux mesures par lesquelles le gouvernement impérial s'occupe aujourd'hui avec tant de zèle de compléter l'œuvre de la loi du 28 juin 1833 ; mais le suffrage unanime de tous les esprits impartiaux attestera que cette loi, qui suffirait à elle seule pour honorer un règne et pour illustrer le ministre qui y a attaché son nom[8], a été le principe de vie de l'instruction populaire en France, et qu'après lui avoir donné une admirable organisation, elle a laissé

Camille de Montalivet

derrière elle d'immenses progrès accomplis et le germe de tous ceux de l'avenir.

Avant 1830, le programme de l'instruction primaire se réduisait à trois mots : lire, écrire et chiffrer ; ce sont les termes mêmes du décret du 17 mars 1808. La restauration, qui fit, ainsi que nous l'avons dit, d'honorables efforts pour propager cet enseignement, n'en fit aucun pour en élever le niveau. Le premier soin du législateur de 1833 fut de rendre obligatoire dans les écoles élémentaires l'instruction morale et religieuse, la lecture, l'écriture, les éléments de la langue française et du calcul, le système légal des poids et mesures. C'était déjà un progrès. Cependant, à côté de ce premier degré, le législateur créa l'instruction primaire supérieure pour tous les jeunes gens qui voulaient demander à l'étude les moyens de s'élever plus haut.

Voulaient-ils se livrer à l'exercice des professions industrielles ou se vouer exclusivement aux travaux de l'agriculture, ils devaient trouver à leur portée des écoles dont l'enseignement comprenait dans des mesures diverses les applications usuelles des éléments de la géométrie, des notions des sciences physiques et naturelles applicables aux usages de la vie ou destinées à expliquer les principaux phénomènes de la nature, le dessin linéaire, l'arpentage, la représentation des machines les plus simples, et enfin le chant, cette noble et bienfaisante distraction. Ces efforts n'ont pas toujours été aussi efficaces qu'ils auraient dû l'être : en cette matière, le gouvernement avait devancé le vœu des populations ; aussi les a-t-il souvent trouvées indifférentes et quelquefois contraires à la propagation d'un enseignement d'une utilité si pratique qu'elle devait paraître évidente. Cependant l'administration ne se découragea point ; elle excita le zèle des administrations municipales, leur proposa des programmes d'enseignement appropriés aux besoins des localités, et obtint ainsi l'établissement d'un assez grand nombre d'écoles qui depuis ont prospéré, et rendaient en 1848 les plus utiles services dans 327 communes.

Ainsi se formait peu à peu, grâce à des soins incessants, le courant de l'opinion publique si favorable aujourd'hui à ces utiles institutions. Les succès furent tout autrement rapides dans les simples écoles primaires. En 1830, on comptait 27,365 écoles publiques ou privées, fréquentées par 969,340 jeunes garçons. En

1848, 43,614 écoles, dont 35,953 écoles communales, en recevaient 2,176,079.

D'un autre côté, le gouvernement, persuadé que l'œuvre de régénération intellectuelle à laquelle il s'était voué ne pouvait être opérée sans le secours des mères de famille, a fait de grands et heureux efforts pour fonder des écoles de filles. Avant lui, aucune subvention spéciale, aucun encouragement direct de l'état ne venaient en aide à ces établissements si intéressants à tant de titres. Cet état de choses cessa bientôt : en 1836, une ordonnance royale intervint qui appliquait aux écoles de filles une grande partie des dispositions de la loi de 1833 sur les écoles de garçons. A partir de cette époque, les progrès furent si rapides, que la France, où l'on n'avait pu constater en 1832 que l'existence régulière d'un millier d'écoles de filles, en comptait en 1848 19,414, dont 7,926 écoles communales recevant ensemble 1,354,056 élèves.

Mais après avoir assuré l'instruction aux enfants en état de la recevoir, l'administration s'était créé d'autres devoirs envers la partie de la population qui avait dépassé ou qui n'avait pas encore atteint l'âge des écoles.

De là la fondation des cours d'adultes et l'institution des salles d'asile.

Des cours d'adultes s'ouvrirent dans un grand nombre de localités sur la recommandation et avec l'appui du gouvernement. Les populations virent alors avec une sorte de respect des hommes dont quelques-uns étaient déjà arrivés à l'âge mûr remplacer courageusement le soir et le dimanche les enfants, quelquefois leurs propres enfants, sur les bancs des écoles, et s'y livrer avec une véritable ardeur à toutes ces études si faciles pour l'enfance, si pénibles pour les ignorances de vieille date. Ces cours se multiplièrent rapidement : en 1848, ils étaient au nombre de 6,877, et dispensaient à 115,164 adultes les premières connaissances qui leur manquaient pour se faire dans la société une place dont ils s'étaient rendus dignes par leur amour du travail.

Pour les salles d'asile, le gouvernement n'a pas à revendiquer le mérite de l'initiative ; il appartient entièrement à la charité toute chrétienne et toute maternelle d'un certain nombre de dames généreuses. Cependant on doit ajouter que sans l'appui

Camille de Montalivet

du gouvernement cette admirable institution ne se serait pas généralisée en France.

Fondées à Paris par un comité de dames charitables, les salles d'asile furent dans l'origine considérées comme des établissements d'utilité publique uniquement destinés à recueillir les enfants pendant les absences forcées de leurs parents, et le conseil des hospices les prit à ce titre sous sa tutelle ; mais on comprit bientôt qu'ils étaient de véritables établissements, sinon d'instruction, du moins d'éducation publique. C'est en effet dans les salles d'asile que les enfants prennent de bonne heure des habitudes d'ordre, de régularité, de propreté, de soumission et de respect de soi-même. Ces petits établissements sont la meilleure préparation aux écoles, car on y apprend à apprendre, c'est-à-dire à écouter les leçons du maître.

Placées à ce titre sous la surveillance des comités institués par la loi de 1833, les salles d'asile restaient soumises à l'inspection journalière d'un certain nombre de mères de famille dont la coopération devait leur conserver le caractère d'établissements de charité maternelle et à la haute surveillance d'une commission supérieure composée de dames placées dans les conditions sociales les plus élevées. C'est à tant de dévouements volontaires qu'il est dû d'abord un tribut d'admiration ; mais la part du gouvernement qui a su comprendre, soutenir et encourager de tels efforts est encore assez belle pour qu'on puisse s'en enorgueillir comme d'une des innovations les plus intéressantes qui aient été introduites en France depuis plus d'un siècle, au double point de vue des intérêts matériels et moraux du peuple.

En 1837, date de l'ordonnance royale qui a élevé les salles d'asile au rang d'une institution nationale, il n'y en avait en France que 261 recevant 29,214 enfants. En 1848, on comptait 1,861 salles d'asile, dans lesquelles 24,287 enfants étaient recueillis et soignés.

En passant en revue les différents genres d'établissements primaires, nous avons montré que le gouvernement s'était efforcé d'ouvrir des écoles pour tous les âges :

Aux enfants de 2 à 7 ans, les salles d'asile ;

Aux enfants de 7 à 13 ans, les écoles primaires élémentaires ;

Aux adolescents de 13 à 15 ans, les écoles primaires supérieures ;

Aux jeunes hommes au-dessus de 15 ans, les cours d'adultes.

Cette succession d'établissements si bien ordonnée laissait encore une lacune : elle a été comblée.

Un certain nombre d'enfants parviennent souvent à leur treizième année sans avoir été envoyés dans des écoles. A cet âge, de meilleures dispositions de la part soit de leurs familles, soit d'eux-mêmes, soit des patrons chez qui ils sont placés en apprentissage, leur font désirer d'acquérir l'instruction primaire dont ils ont été privés. Trop âgés pour être admis dans les écoles élémentaires, trop ignorants pour être admis dans les écoles supérieures, ils sont trop jeunes pour être reçus dans les cours d'adultes. Ces écoles spéciales leur ont été destinées, savoir : les écoles d'apprentis pour les garçons, et les ouvroirs pour les jeunes filles.

On comptait, en 1848, trente-six écoles d'apprentis ouvertes dans dix-sept communes et recevant 2,011 enfants, et trois cent quatre-vingt-huit ouvroirs fréquentés dans deux cent quatre-vingt-seize communes par 13,200 jeunes filles.

Enfin la monarchie de 1830 a poursuivi son œuvre jusque dans le sein de l'armée, qui comptait presque autant d'écoles que de régiments. La loi de 1832 sur le recrutement statuait que les jeunes gens appelés au service recevraient l'instruction prescrite par les écoles primaires, et le ministre de la guerre s'empressa de consacrer 150,000 francs par an à l'extension des écoles régimentaires.

Nous ne saurions passer sous silence une institution touchante, due à la pensée charitable d'un honorable citoyen[9], et encouragée dès ses premiers pas par MM^e la duchesse d'Orléans en son nom et au nom de son fils le comte de Paris. Sa bienfaisante initiative a fondé, sous le nom de crèches, des asiles pour les nouveau-nés, de telle sorte qu'on peut dire qu'il n'existait pas alors un âge depuis la naissance jusqu'à la majorité qui ne trouvât à côté de lui la noble passion de la charité et du progrès social.

Il n'est pas sans intérêt maintenant de réunir et de rapprocher le nombre des élèves dans tous les établissements d'instruction primaire :

Camille de Montalivet

Écoles primaire {	Garçons	2,176,079
	Filles	1,354,056
Cours d'adultes		115,164
Salles d'asile		124,287
Écoles d'apprentis, garçons		2,011
Ouvroirs, filles		13,200
Total		3,784,797

Nous avons vu plus haut qu'avant 1830 toutes les écoles réunissaient environ 1 million d'élèves ; c'est donc 2,784,000 enfants et adultes de plus qui recevaient en 1848 le bienfait de l'instruction primaire, sans compter les écoles régimentaires.

Il restait sans doute encore beaucoup à faire, surtout pour élever le sort des instituteurs à la hauteur de leur mission : notre reconnaissance est acquise au gouvernement qui poursuit avec persévérance l'œuvre si bien commencée ; mais ne sommes-nous pas eu droit d'exiger le même sentiment envers cette monarchie parlementaire qui a fait mieux que rien, qui a tant fait pour cette œuvre nationale, philosophique et chrétienne ?

L'exposé des efforts de la monarchie de 1830 pour la propagation de l'instruction populaire ne serait pas complet, si nous n'ajoutions qu'elle fut placée sous la surveillance active non-seulement des comités locaux institués par la loi de 1833, mais aussi d'un vaste système d'inspection qui comptait, au 1er janvier 1848, un inspecteur dans chaque chef-lieu de département et 104 sous-inspecteurs, dont le nombre devait atteindre plus tard celui des arrondissements, et qu'un projet de loi destiné à améliorer le traitement des instituteurs primaires et à assurer une retraite convenable à leur vieillesse ou à leurs forces épuisées était soumis à la chambre des députés. Enfin l'administration mit à exécution la prescription de la loi de 1833, qui exigeait que chaque département entretînt une école normale primaire destinée au recrutement de ses instituteurs, soit par lui-même, soit en se réunissant à un ou plusieurs autres départements.

La première école normale primaire avait été fondée en 1811, la seconde fut ouverte en 1821 ; il en existait treize en 1830 : dix ans plus tard, en 1840, il y en avait soixante-seize, desservant tous les départements et recevant 3,147 élèves. La tâche du gouvernement se trouvait désormais accomplie.

Quant aux écoles normales d'institutrices, le principe n'en avait même pas été posé. Bientôt l'attention du gouvernement se fixa sur cet important objet. Des cours normaux préparatoires furent successivement créés sur les points les plus importants de la France, soit dans des maisons dirigées par des religieuses, soit dans des maisons dirigées par des dames laïques. Plus tard, par suite des votes des conseils-généraux, des ordonnances royales fondèrent plusieurs écoles normales d'institutrices.

Au 1er janvier 1848, on comptait dix écoles normales et vingt-six cours normaux consacrés à l'instruction des institutrices primaires. Nous terminerons en constatant que sur les 3,784,797 élèves reçus dans les établissements d'instruction primaire, il y en avait 1,057,381 qui y étaient admis gratuitement.

C'est ainsi que le gouvernement marchait incessamment vers la réalisation de son vœu le plus cher, celui de voir l'instruction primaire mise à la portée de tous, même des plus indigents, et dépassait sous ce rapport, nous osons le dire, les espérances des plus ardents propagateurs des lumières et du progrès.

Maintenant, quand on examine l'esprit et la portée de toutes les mesures dont nous venons de parler, quand on ajoute qu'au moment de sa chute le gouvernement proposait aux chambres un ensemble de mesures non moins populaires sur la réforme des monts-de-piété, la fondation des caisses de retraite pour les ouvriers, et la mise en valeur des biens communaux, on demeure confondu, non de la persistance de quelques critiques intéressées, mais des égarements du peuple, objet de tant de sollicitude, qui, traitant à l'égal de crimes d'état les hésitations et les fautes d'un optimisme trop aveugle, renversa en un jour de délire, par une révolution faite au nom de la liberté, le gouvernement le plus libéral qui ait existé en France.

Mais pourquoi cet étonnement ? Dans notre pays épris des effets de scène, il s'agit bien moins d'être que de paraître.

Camille de Montalivet

La monarchie constitutionnelle et parlementaire de 1830 n'a pas assez parlé du peuple, n'a pas su parler au peuple : telle a été sa faute.

Elle s'est beaucoup et utilement occupée du peuple ; ce sera son éternel honneur.

Notes

1.	Ces souvenirs sont extraits d'un livre que M. le comte de Montalivet va publier à la librairie de Michel Lévy sous le titre de Rien ! dix-huit années de gouvernement parlementaire. L'ancien ministre, l'ancien ami du roi Louis-Philippe, retenu loin de la vie active par de cruelles souffrances, supportées avec une grande énergie et une rare résignation, s'est ému d'une accusation portée au sein du corps législatif (peut-être dans la chaleur de l'improvisation) par une voix trop considérable cependant pour qu'il ait cru pouvoir la laisser sans réponse. C'est à ce mot de rien que le livre de M. de Montalivet devra le jour, et on verra que le ministre de la monarchie parlementaire répond au ministre de la monarchie impériale avec une modération et une convenance dignes de la cause qu'il a voulu défendre.

2.	Dépêche du chargé d'affaires français à Vienne, septembre 1830

3.	Dépêche de M. le baron Mortier à M. le comte Molé, 6 octobre 1830.

4.	On ne saurait parler des fortifications de Paris sans rappeler tout ce que la France et le roi ont dû dans cette grande circonstance à la haute intervention de M. le duc d'Orléans, secondé par son aide-de-camp, le commandant de Chabaud-Latour, rédacteur des premiers projets, et à l'énergie patriotique de M. Thiers, alors président du conseil. Parmi les noms des officiers du génie qui ont concouru avec le plus de distinction à l'exécution des fortifications de Paris, on remarque celui du chef de bataillon Niel, qui préludait ainsi à la glorieuse destinée qui l'attendait sur le champ de bataille de Solferino.

5.	Ci-joint l'intéressant tableau des dépenses faites pour cette grande entreprise nationale par les divers gouvernements qui se sont succédé depuis quatre-vingts ans :

Ancien régime.	1783 à 1791	41,436,017 fr.
République et directoire	1793 à 1800	néant.
Consulat et règne de Napoléon Ier	1801 à 1814	38,377,083
Restauration	1814 à 1830	11,923,009
Règne de Louis-Philippe Ier	1830 à 1848	49,123,095
République	1848 à 1852	19,005,434
Règne de Napoléon III (achèvement et inauguration)	1852 à 1857	30,308,294
Total général		190,274,702 fr.

6.   On ne lira pas sans un vif intérêt l'extrait suivant d'une lettre écrite à ce sujet par l'empereur Napoléon III à M. le comte de Persigny à l'époque où l'impulsion donnée à la transformation de notre flotte excitait en Angleterre une émotion assez profonde et assez générale pour menacer les bonnes relations des deux pays :

« Saint-Cloud, le 27 juillet 1860.

« Mon cher Persigny,

« Les choses me semblent si embrouillées, grâce à la défiance semée partout depuis la guerre d'Italie, que je vous écris dans l'espoir qu'une courte conversation à cœur ouvert avec lord Palmerston remédiera au mal actuel….. Mais, objectera-t-on, vous voulez la paix, et vous augmentez démesurément les forces de la France. Je nie le fait de tous points. Mon armée et ma flotte n'ont rien de menaçant pour personne. Ma marine à vapeur est loin de pourvoir à nos besoins, et le chiffre des navires à vapeur n'égale pas, à beaucoup près, le nombre des bâtiments à voiles jugés nécessaires au temps du roi Louis-Philippe. J'ai 400,000 hommes sous les armes ; mais ôtez de ce nombre 60,000 hommes en Algérie, 6,000 hommes à Rome, 8,000 en Chine, 20,000 gendarmes, les malades, les conscrits, et vous avouerez, ce qui est vrai, que mes régiments ont un effectif plus réduit que sous le règne précédent….. »

7.   Ce chiffre, dont l'exactitude ne saurait être contestée, a été

établi et publié en 1848 par M. Lacave-Laplagne, ancien ministre des finances.

8.   M. Guizot.

9.   M. Marbeau, ancien adjoint au maire du premier arrondissement de Paris.

ISBN : 978-1978274655

www.ingramcontent.com/pod-product-compliance
Lightning Source LLC
Chambersburg PA
CBHW070754260726
48660CB00007B/3114